कुछ अनकहे जज़्बात...

मेरी कलम से

कविताएं और शायरी

अभिषेक त्यागी

ISBN 979-8-88975-516-6

समर्पण

इस काव्य संग्रह को मैं अपने माता-पिता व अपनी पत्नी को समर्पित करता हूँ।

अनुक्रमणिका

कविताएं, नज़्में व ग़ज़लें

स्वीकृति

इस पुस्तक के प्रकाशन व मुखपृष्ठ की संकल्पना के लिए मैं "नोशन प्रेस" को धन्यवाद देता हूँ तथा अपनी पत्नी श्रीमती गीतिका गर्ग के प्रोत्साहन व सहयोग का आभारी हूँ।

यह बताना आवश्यक होगा कि शुरुआती दिनों में पिता डा. योगेंद्र कुमार द्वारा वर्णित मशहूर शायरों की नज़्में सुनकर मुझमें भी कुछ हिंदी/उर्दू में लिखने का रुझान हुआ। मेरी माता जी, श्रीमती अनीता त्यागी ने मुझे बचपन से ही धर्म व नैतिकता की शिक्षा दी व मेरी बड़ी बहनों, श्रीमती पल्लवी व मीनू त्यागी, ने ज़िन्दगी के हर उतार-चढाव में मेरा समर्थन किया। सभी शुभचिंतको के स्नेहिल सहकार और आशीर्वाद से ही, लिखने की अपनी तरंग को मैं साकार कर पाया हूँ।

पुस्तक में प्रस्तुत कविताओं, नज्मों को हिंदी एवं उर्दू, तुकांत व मुक्त शैली के मिश्रित स्वरुप में लिखा गया है, तथा इनके विषय किसी निश्चित क्रम में नहीं हैं ना ही किसी खास व्यक्ति की ओर इशारा करती हैं।

मेरी उच्चा शिक्षा हिंदी भाषा में नहीं हुई है, इसलिए अगर किसी के विचारों में कविताओं की पंक्तिओं से मतभेद उत्पन्न हो या व्याकरण संबंधी अशुद्धि के लिए, मैं क्षमा चाहूँगा।

प्रस्तावना

किसी भी देश की दिशा-दशा उसके युवा वर्ग के दृष्टिकोण पर बेहद निर्भर करती है। सृजनता व दक्षता से लबरेज़ युवा पीढ़ी जीवन का सच और ज़िन्दगी का उद्देश्य जानना चाहती है। चरित्र, संस्कार, व्यहवार, कर्म, धर्म, प्रकृति, रिश्तों को लेकर अलग-अलग ढंग से सोचती है व प्रश्न करती है।

कुछ मसलों में वह सही दिशा में कदम उठाती है, तो कुछ क्षेत्रों में उनके विचार विवादस्पद भी हैं। परन्तु वह नए के लिए खुली है और अतीत से सीख कर आने वाले कल को बेहतर बनाना चाहती है। आधुनिकता के रंग में लिप्त समाज को जरुरी है की वो भौतिकवाद और अध्यात्म का संतुलन समझे। यह भी महत्वपूर्ण है की वह इंसानियत को तवज्ज़ो दे, प्रकृति से सीखे व उसके संरक्षण के प्रति सजग रहे। कविताओं/नज्मों का यह मार्मिक संकलन ज़िन्दगी के पहलुओं ,अनुभवों और मनोभावों की अभिव्यक्ति है जो कभी न कभी हर इंसान अपने जीवन में महसूस तो करता है पर किसी कारणवश व्यक्त नहीं कर पाता। प्रसन्नता, दुःख, जोश, वेदना, उदासी, आक्रोश, प्रार्थना, नैतिकता, वीरता, सहजता आदि मानवता की समस्त संवेदनाओं, जिज्ञासाओं और जज़्बातों को यह काव्य संग्रह बयां करता है।

हिंदी पद्य, साहित्य के आदिकाल से आज तक निरंतर रूप में प्रवाहित होती रही है। उसी परंपरा में यह मेरा पहला लघु

प्रयास है। कविता का स्वरूप समय-समय पर बदलता रहा है परन्तु भावनाएं हमेशा से कविता लेखन का महत्वपूर्ण उपकरण रहीं है। आशा है की सभी पाठक रचनाओं के इस गुलदस्ते का भाव महसूस कर पाएंगे व लेखन का आनंद लेंगे।

"बहता सलिल मुसलसल दरिया का,

साहिलों पे ना जिसका वास है

कश्ती बनूँ या मल्लाह-माझी

लहरों में सवाब से बहने की आस है....

शोहरत के चर्चों से न रखता मैं दिल्लगी

फकीरों के सरोकर में लगे ज़िन्दगी

राख बनू या सुलगता धुंआ सा

बस आग में धधकने की आखिरी आस है"

* * *

"कलम मेरी है,पर जज़्बात तो तुम्हारे भी वही हैं,

महसूस तुमने भी किये हैं, जिंदगी के तराने जो वही हैं

समुन्दर की लहरें कभी शांत नहीं रहतीं

काफिले में छुपी भीतर, एक आवाज है रहती

दिल ए गुफ्तगू मेरी तुम्हारी वही हैं,

बयां करता न कोई, बुदबुदाते सभी वही हैं"

– अभिषेक त्यागी

लोक समस्त सुखिनो भवन्तु

रुबाइयाँ व शेर

रुबाइयाँ व शेर्र

इनायत[1] की कमाई हो, तासीर रूहानी रहे
सिफर[2] से शिखर तक बुलंद रवानी रहे
दिल ऐ जार्र की मरम्मत नवाजिश[3] से होती है
गुलशन-ऐ-गुलज़ार महकाती बाग़वानी रहे

* * *

हर अहवाह को गोश[4] न दे
चली बात पे खुला दोष न दे
सब्र रख, बर्दाश कर, नज़रंदाज़ कर
नज़ात[5] कर, वहम से रोष[6] न दे

* * *

मुद्दतें हो गयीं उनका ख़त न मिला कोई
शायद ज़ेहन में जकड़ा हो गिला कोई
हम यूँही शिकवे भुलाते रहे वक़्त-ए-नज़ा[7] में
ग़ुर्बत हुई, शब-ए-चराग़[8] न मिला कोई

* * *

रुखसार की लाली में दाग़ ढक तो लोगे
बहरूपिये मुखौटे बहर-हाल रख तो लोगे
वक़्त ऐ ग़ुरूब[9] में तो तुम वही हो, जो तुम हो
झूठे किरदारों में एक साँझ थक तो लोगे

***

हाथ फैला कर कमाना यूँ फितूर बना लिया
भीख मांगना बेगैरत दस्तूर बना लिया
लाचार नहीं तुम, मेहनत से कतराते हो शायद
रहम के लिहाज़ में खुद को मज़बूर बना लिया

***

शोर रहता है बिन इज़ाज़त के कहीं अंदर
है कल, आज और कल का जैसे अजीब बवंडर
सुकून-ए-रूह तलाशता कहाँ हैं सजे बाजारों में
सस्ती तरक़ीबों से बना कौन है यहाँ क़लन्दर[10]

***

चलो बकाया क़र्ज़ चुकाया जाए
फ़र्ज़ अदायी का मौका न गवाया जाए
महज़ ख़ुद के लिए ही जिए, तो क्या जिए
कुछ माटी को वापस लौटाया जाए

***

सूखे पत्तों की भरपाई नन्हीं कोपलें कर लेती हैं
जुदाई का दर्द गहरा हो कितना, सोहबतें[11] नयी हर लेती हैं
ज़िन्दगी का हर कोहराम सुस्ता के ठहर जाता है एक दिन
बदी हो कितनी लेकिन नेकियाँ उन्हें हर लेती हैं

* * *

बात ऐसी न कहो की दर्द भरी कहानी गढ़ जाए
तुमसे मिलने से पहले हमें भुलानी पड़ जाए
यूँ तो जिग़र में जगह बहुत है हमारे ऐ महरम
कभी गहरे घावों पे तुम्हें ही मरहम न लगानी पड़ जाए

* * *

रियासतों के वफादार सिपाही ही उसके शौर्य होते हैं
बिन चाणक्य के कहाँ मशहूर चन्द्रगुप्त मौर्य होते हैं
दरबानो के बगैर दीवान सलामत नहीं देखें हैं हमने
रैयत[12] का मान रखने वाले सम्राट ही आर्य होते हैं

* * *

सच्ची मोहब्बत का इम्तेहान लेकर तो देखो
उनकी हाँ में हाँ मिलाना छोड़ कर तो देखो
पाक़ इश्क़ वाह वाही का मोहताज़ नहीं
मर मिटने से पहले आज़मा कर तो देखो

* * *

मुद्दतों बाद मिलकर भी अनबन भुलाते नहीं लोग

हाथ मिलाकर फिर दबाना भुलाते नहीं लोग

अपनी फितरत अपने अंदाज़ से जाहिर करते हैं वो

पीठ थपथपा कर, हाथ साफ करना भुलाते नहीं लोग

* * *

आशिक़ी में ईमान रखता हूँ, मैं आवारा नहीं

जुदाई का आलम मुझे अब गवारा नहीं

बड़ी जद्दोज़हत से मिले हैं, कुछ दूर साथ तो चलो

मोहब्बत लुटाता हूँ बेशुमार, मैं बेसहारा नहीं

* * *

अधूरे किस्सों को अंजाम देने का नहीं सभी में ज़मीर

वफ़ा की हिफाज़त करे जो शख्स वही खरा अमीर

आग के दरिये से लौट गए दबे पाओं अदने[13] मुसाफिर

मुट्ठी भर ही डटे रहे छोर तक, आबाद उनके भी तामीर[14]

-----

1. उपकार (Blessings) 2. शुन्य 3. कृपा, दया 4. कान 5. आज़ाद
6. क्रोध 7. मौत का वक़्त 8. उम्मीद, रौशनी 9. सूर्यास्त का समय
10. सूफ़ी संत 11. दोस्ती 12. प्रजा 13. मामूली 14. गृह निर्माण

औरों की तहज़ीब मेरा अदब तय नहीं करती
मेरा सलूक, मेरे उसूलों का मोहताज़ है बशर

* * *

मंदिर, दरग़ाह, गिरजा, गुरुद्वारों में झोली फैलाये फ़रियादी दिखे
या डर का मज़हबी व्यापार
नूर के दरस में दर-ब-दर भटक कर भी उन्हें ख़ुद का इल्म न हुआ

* * *

महलों, तख़्त-ओ- ताजों की बेचैनी तुम्हें मुबारक़
अहल-ए-चमन[1] में, हम मुफ़लिस[2] ही अच्छे

* * *

तेरी जरुरत मैं, मेरी कशिश[3] तू, गर ख़ुर्शीद[4] मैं, फ़ज़्र तू
तेरा अक्स मैं, मेरा नूर तू, तुझसे पूरा मैं, मुझ बिन अधूरी तू

* * *

सर-ए-राह चलते किसी यार को, विसाल-ऐ-सनम कैसे बना लूँ
बेपनाह मोहब्बत करता है हमें दूर कोई, ये बेवफाई न हो
पायेगी हमसे

* * *

अकेले में जज़्बातों का बख़ान करता हूँ, अतरंगी रिश्ते का हमारे
तर्क-ऐ-मोहब्बत[5] न हो जाए, लिहाज़ा मंद सी मुस्कान लिए
मिलता हूँ तुमसे

* * *

सुनहरी यादों के किस्से दिल के बटुए में संजोय रखना जरूर
जंग में खींची लकीरों से महंगा हो जाता है क़लाम अक्सर

* * *

नकारने की सख्ती का पूछे है सबब उनसे, ये मतलबपरस्त जमाना
ग़ाबन[6] में लिपटे जतन से कई बार लुटा जो था, सबका रफ़ीक़[7]

* * *

मेरे अंदाज़ को बेफिक्री समझ रहे थे, कुछ खुदगर्ज़
मैं बदमस्त, उनकी नियत की इंतहा आँकता रहा

* * *

दहर[8] के आग़ोश में ऱाख हो गया हर सरफ़रोश
न आका बचे, न औज़ार, ना ही उनका आक्रोश

* * *

ना उन्हें लफ़्ज़ों के फिसलने का अहसास है, ना हमें तर्ज़-ऐ-सुखन[9]
की उम्मीद रही,
मर्यादाओं की हदें न हों तो हर जुबान आवारा बन जाती है कासिद[10]

* * *

उसके कद को मापने के पैमाने छोटे पड़ गए ज़माने के

फैज़[11] की राह पे जो निकल पड़ा है वो मुर्शिद[12]

* * *

कोरे कागज सी ज़िन्दगी रंगने को, समय की सियाही बेताब है

फैसले ही हैं जो बस तेरे हैं, बाकी तो सब इत्तेफ़ाक़ है, इत्तेफ़ाक़ है...

* * *

लोग मिलते हैं, बैठतें हैं, तो जाम भी टकराते हैं और अपनों से
जज़्बात भी

चादरों की सलवटें हों या माथे की शिखन, सब लाज़मी है ज़नाब
महफ़िलों में...

* * *

शक़ की दीमक का इलाज़ मुनासिब नहीं अब, आजमाइशें सारी
बर्बाद हुईं

रफ्ता रफ्ता झड़ने लगा है संबंधों का वजूद, गुज़रे भरोसे का
तकाज़ा है दिल-ए-नादाँ को

* * *

मोह के चश्में उतारकर खुली आँखों से भी देखलो एक तलक

सही गलत की हिस्सेदारी में बेईमानियां हो जाती हैं अकसर

* * *

मुद्दतों से जमाने के वही सिलसिले देखे थे हमने,
उसी की तो हमें आदत थी

आज दौर अपना आया तो वो कहते हैं ज़नाब वक़्त बदल गया है,
तुम्हारे ये तौर-तरीके ठीक नहीं

---

1. बाग़ वाले 2. गरीब 3. आकर्षण 4. सूरज 5. प्रेम का त्याग (Breakup) 6. धोका, जालसाज़ी 7. दोस्त 8. काल, समय 9. बोलने की शैली 10. संदेशा ले जानेवाला 11. परोपकार, कीर्ति 12. इंसान

कविताएं, नज़्में व ग़ज़लें

महामारी जीना सिखा गयी

खिड़की पे बैठी गौरैय्या हताश हैरान है
ताक रही गली मोहल्ले जो सहसा[1] बेजुबान है

कहीं यह छल तो नहीं? खुली आँखों से चकराई
क्या सच में लाचार है कपटी इंसान की चतुराई?

कफ़्र्यू के बाजारों से गुज़री दाना चोंच में दबाई
कूचे के कोतवाल से यहाँ-तहाँ टकराई

बोला भाग जा, भयंकर महामारी का आह्वान[2] है
अपने अपने विकर्मों का आया इम्तिहान है।

बरसो का सिमटा दर्द कंठ से छटपटा उमड़ा
चीं-चीं चह-चहाहट, अहसास अल्फ़ाज़ों में उतरा

अरे ओ बशर[3]! ये तो मौत का बिछौना है
सुध नहीं तुझे, तेरा ही नहीं, यहाँ मेरा भी कोना है।

पाप, अपराध, फरेब, अहम् के जो फेरे हैं
दोषी तू है, अनाहक[4] सहतें सब के डेरे हैं

यही समय है, चरित्र के दागों को चिंतन से धोना है
संभल जा, सवंर जा, बाहर फैला क्रूर कोरोना है।

चंद सिक्को की वासना में पारितंत्र[5] में विष घोलता है
तृष्णा[6] से मासूमो के भविष्य क्यूँ तोलता है?

खुदा ने बेशुमार दिया जल, वायु व अरुणा[7]
शर्मसार नहीं तू, जो दे रहा उसे कोरोना?

जाग जा! ज़रा संभल, अब द्वन्द नहीं आमना[8] कर
सहम मत शोध-विज्ञान से सामना कर

देरी न हो, धरा को समन्वय[9] से पुनः पिरोना है
झाँक दर्पण में, निकाल जो भीतर दबी करुणा है।

---

1. अचानक 2. कहना, बुलाना 3. मनुष्य 4. बिना किसी कारण
5. पारिस्थितिक तंत्र (इकोसिस्टम) 6. इच्छा 7. उषा 8. मुकाबला
9. सम्मिलित होने का भाव

चुप-चाप रहते हो

पुराने संदूक में छिपे ख़त रखे हों जैसे
ख़ामोशी के साये में अनकहे अलफ़ाज़ रखते हो
ज़िन्दगी के इम्तेहान में आये हर सवाल का
होटों में दबाये कई जवाब रखते हो।

जरूरत अनुसार बोलते हो, समझदार लगते हो....

दुनियाँ से रहती हैं शिकायतें बेशुमार मगर
मौन ही दूजे को शर्मसार करते हो
रिश्तों की साख बेआबरू न हो पाए
नुख़्सों को पहनाये नक़ाब रखते हो।

जरूरत अनुसार बोलते हो, समझदार लगते हो....

रहते हो गुमसुम, कहीं ख़्वार² तो नहीं भीतर?

अक्स³ में ओढ़े कुछ, अधूरे अपने सवाल रखते हो

रूखे संवाद से न जीता है दिल कोई किसी का

लगता है बर्दाश्त करने का मिज़ाज़ रखते हो।

जरूरत अनुसार बोलते हो, समझदार लगते हो....

---

1. कमियां 2. अपमानित 3. परछाई

पंक्तिओं का आशय:

कविता संतुलन में बोलने की कला और शांत व्यक्तित्व के महत्व का उल्लेख करती है।

मकान में हूँ, घर से दूर रहता हूँ

भीड़ में शामिल काफिले की इशरत[1] दौड़ में रहता हूँ
शहर में हूँ पर अपनी ज़मीन से दूर रहता हूँ।

पुराना था, घर अपना था, यहाँ किराया लगता है
नई ऊँची इमारतों का हर शक़्स पराया लगता है
मक़ाम हासिल करने खातिर, मगरूर रहता हूँ
मकान में हूँ, घर से दूर रहता हूँ।

नाम बनाने निकला था, हूँ आज साहूकारों[2] का कर्ज़दार
अपनों से दूर हूँ, यहाँ गैरों का वफादार
किसी की दुआओँ से सलामत आज भी रहता हूँ
मकान में हूँ, घर से दूर रहता हूँ।

बनावटी मुखौटों में फ़र्ज़ी अदाकार-सा हूँ
खुले आसमान में भी घुटन का कैदी-सा हूँ
एहसास-ए-सुकून नहीं है, फ़क़त[3] सोने की तदबीर[4] करता हूँ
मकान में हूँ, घर से दूर रहता हूँ।

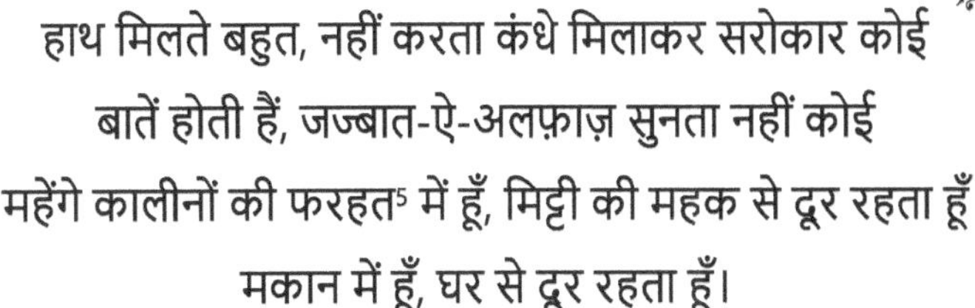

हाथ मिलते बहुत, नहीं करता कंधे मिलाकर सरोकार कोई

बातें होती हैं, जज़्बात-ऐ-अलफ़ाज़ सुनता नहीं कोई

महेंगे कालीनों की फरहत[5] में हूँ, मिट्टी की महक से दूर रहता हूँ

मकान में हूँ, घर से दूर रहता हूँ।

---

1. भोग विलास 2. व्यापारी 3. बस, केवल 4. कोशिश 5. खुशी

नीर का अनुभव

राह में बिखरे हों पाषाण[1] अनेक
जटिल वक्र फांदे, प्रबल वेग
बाधाओं से सदा ऊपर रहता
निरंतर बहता सलिल[2], सुनो, कुछ कहता।

स्थिति समरूप कर ले समंजन[3]
भिन्न परिवेश में कर ले आसंजन[4]
जो निराकार है, विलयशील है
जीवन उसी का गतिशील है।

फसलें सींचे व प्यास बुझाये
वाष्प, उपल[5], द्रव, हिम नाना रूप सजाये
अग्नि पर भी है जो भारी नीर
रखे सदा धीर-शीतल-तरल तासीर।

रंग, स्वाद, महक में न हों मतभेद

सामान तत्त्व हों सर्वत्र अभेद

सतह पे चंचल तल में गंभीर वारि

राज संजोय जीवन के हितकारी।

---

1. पत्थर 2. पानी 3. मेल-मिलाना (Adjustment) 4. भिन्न कणों की चिपकने की प्रवृत्ति (Adhesion) 5. ओला

पंक्तिओं का आशय:

कविता पानी की विशेषताओं का उल्लेख करती है जिनसे मानव सीख ले सकता है।

रिश्तों की गांठे खोल दो

जीवन के उद्भव से बनते रहते रिश्ते बादस्तूर

पर सफर में साथ चलना न होता उन्हें अक्सर मंजूर

किसी को शक्ल न भाती, लगते शब्द नासूर हैं

हो तकरार की तपिश, संदेह का फितूर।

संबंधों की कशमकश[1] को इतना तूल क्यों देना ऐ हुज़ूर?

बनने लगे गांठें रिश्तों पे, सुलह की पहल तुम कर देना

दो मीठे लफ्ज़ बोल देना, दो मीठे लफ्ज़ बोल देना....

रूखे बर्ताव पे ताके मन अपना ही दर्पन

गलत रिश्ते नहीं, होती कड़वे कथनों से अनबन

मोह के मतभेदों से हो जाता यगाना[2] बेगाना है

गर सजग[3] संजीदा[4] न हों ज़िक्र जतन[5]।

संबंधों की कशमकश को इतना तूल क्यों देना है श्रीमन?

बनने लगे गांठें रिश्तों पे, सुलह की पहल तुम कर देना

दो मीठे लफ्ज़ बोल देना, दो मीठे लफ्ज़ बोल देना....

पूछो न मुझसे मैंने तुम्हें दिया क्या है

जब तक जवाब मिले न की किया क्या है

अस्थायी विनाशी जीवन में रखनी क्यूँ है दूरी

रंजिशें, अनबन, तीखी जबान, चाकू-छूरी।

संबंधों की कशमकश को इतना तूल क्यों देना है

बनने लगे गांठें रिश्तों पे, सुलह की पहल तुम कर देना

दो मीठे लफ्ज़ बोल देना, दो मीठे लफ्ज़ बोल देना....

रिश्ते सिमट जाते हैं वक़्त के साथ

कुछ हालात तो कुछ जज्बातों के आघात

द्वेष-विद्रोह से होता उसी का ह्रास[6] है

जो अहम में छोड़े अपनों का हाथ।

संबंधों की कशमकश को इतना तूल क्यों देना है हज़रात[7]

बनने लगे गांठें रिश्तों पे, सुलह की पहल तुम कर देना

दो मीठे लफ्ज़ बोल देना, दो मीठे लफ्ज़ बोल देना....

---

1. खींचातानी 2. नातेदार 3. सावधान 4. समझदार 5. प्रयास
6. क्षय, पतन 7. महोदय

पंक्तिओं का आशयः

प्रस्तुत कविता में सभी प्रकार के रिश्तों की गरिमा बनाये रखने का उल्लेख किया गया है तथा द्वेष की भावनाओं का त्याग कर, मिलनसार रह कर जीवन व्यतीत करने का सन्देश दिया गया है।

आज कल समाज में देखा जा रहा है की रिश्ते अकस्मात् टूट रहे हैं, परिवारों में खिंचाव सा है, अक्सर बटवारे हों जाते हैं व तलाक का औसत दर भी बढ़ा है। तकरार के उपरन्त लोग विभाजन का निर्णय तो ले लेते हैं परन्तु दोनों पक्ष में शान्ति का अहसास नहीं होता व आत्म चिंतन निरंतर चलता रहता है। उसी भाव को यहाँ व्यक्त किया गया है।

तकरार

रिश्तों में एतबार न था, दिल-ए-गुलज़ार न था,

वहम् की घुन लगी दरख़्तों पे, जैसे कभी प्यार ही न था

बेलिहाज़ अदाएं, गरम मिज़ाज़, शऊर[1] न था

लहू उनका भी बहा, आंसू सूख गए आंखों में

रूह जख़्मी है, शतरंज की चालों में

जलन-सी है फ़िज़ाओं में, जबान से ज़हर रिस्ता है

कलह-कलेश दिखाता आइना, कौन किसका है...

संधि करने की ज़हमत करता न कोई

तक्सीम[2] की जिद थी, तहसीन[3] करता न कोई

महरम[4] की खातिर, दूजे से लड़ गए

शरार[5] सुलगा ऐसा, दोनों के घर जल गए

समझौते में दखल करता न कोई

माफ़ी की पहल करता न कोई

रुसवा हैं पर खुदगर्ज़ी की खुमारी अकड़ती है

उनकी खुद्दारी में जो खलल पड़ती है।

---

1. तमीज़ 2. बाँटने का भाव 3. सराहना 4. करीबी 5. पतंगा/चिंगारी

वाणी का महत्व

लफ्जों का चुनाव, लहजे की अदा

जो परोसे अदब, कोई हो ना जुदा

वाणी का संयम है योग की अवस्था

सुधारे घरेलु झगड़े, दफ्तर-देश व्यवस्था।

बोली में मिथ्या ना हो, सच्चे हो कथन

रिश्तों का आधार बने, शिष्ट[1] अल्प वचन

बिगड़े काम बनाये, सबका चहेता मृदुभाषी[2]

कटु स्वर ना बोले जुबान, अमन[3] वरण[4] है मितभाषी[5]।

फीके रूखे संवाद[6] से, मिली किसे है संतुष्टि

विनम्र वाणी के माधुर्य से, हो हृदय की तुष्टि[7]

चिकनी चुपड़ी सरगोशी[8], मृदुवाणी का पर्याय नहीं

कथनी-करनी का मिलन जहाँ, है विश्वसनीयता[9] वहीं।

---

1. शरीफ़ 2. मीठा बोलने वाला 3. शान्ति 4. स्वीकार, चयन 5. कम
बोलने वाला 6. चर्चा 7. संतोष 8. पीठ पीछे शिकायत 9. विश्वास करना

लोगों का काम है कहना

है मानव समाज का, एक व्यवहारिक प्राणी
इन्द्रीओं से सूचनाएं तो, निसंदेह है आनी
जिज्ञासा के विषय वरण में करता वह नादानी है
लिहाज़ा सुनना-सुनाना सदा व्यर्थ किस्से कहानी है।

किसी को भाती बेहूदा बात पे भद्दे अपहास[1]
बुराई, चुगली की चेष्टा, तफरीह या परिहास[2]
मुफ़्त की टिप्पणियां लिए साथ व्यंग्य अकसर
राही की प्रज्ञा[3] ध्वंस करने में रहते हैं तत्पर।

नजर एक-सी पर नजरिये अलग रखते हैं सवार
भीड़ से मुख़्तलिफ[4] राहों के चर्चे बेशक होंगे बार-बार
मुझे जो सही लगता, है उसमे तुम्हे अचरज[5] क्यूँ?
इस तर्क वितर्क में फिजूल है ऊर्जा लगानी क्यूँ?

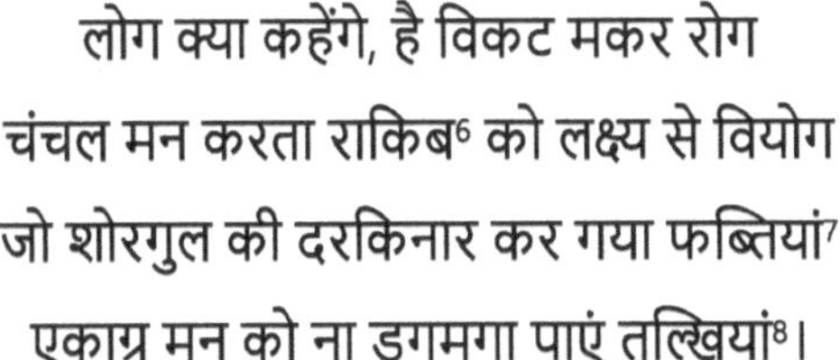

लोग क्या कहेंगे, है विकट मकर रोग

चंचल मन करता राकिब[6] को लक्ष्य से वियोग

जो शोरगुल की दरकिनार कर गया फब्तियां[7]

एकाग्र मन को ना डगमगा पाएं तल्खियां[8]।

---

1. मज़ाक 2. व्यंग्यपूर्ण हँसी 3. बुद्धि 4. भिन्न 5. हैरानी 6. यात्री
7. ताने 8. कड़वाहट

कोई पूछे तो उनको

जो काबिल न थे, दौड़ में शामिल न थे,

आज मशवरे दे रहे हमको

समय बलवान है, लेता इम्तेहां है

नाकाम कहला दिया हमको...

हम मक़ाम तक लाने की तदबीर¹ में परेशान ही सही

शुरुआत तो की, लड़खड़ाए ही सही

उनके सिलसिलों ने तो सूरज ही न देखा था

कोई पूछे तो उनको...

मेरी विफलता पे अपने नुख्स छुपाते हो

गलतियां गिनाते हो, मज़ाक बनाते हो

कसौटी पे अपने तुम, मेरे वजूद को तोलते हो

'हम ही सही रहे' कह कर इतराते हो...

कोई पूछे तो उनको...

सरल रहगुज़र पे तुम सवार, जहाँ जोखिम न था

कुछ नया करने की है धुन सवार, मैं अपनी खोज में था

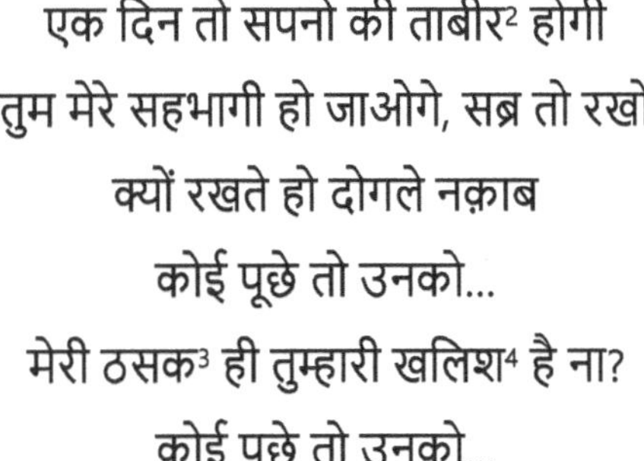

एक दिन तो सपनो की ताबीर[2] होगी

तुम मेरे सहभागी हो जाओगे, सब्र तो रखो

क्यों रखते हो दोगले नक़ाब

कोई पूछे तो उनको...

मेरी ठसक[3] ही तुम्हारी खलिश[4] है ना?

कोई पूछे तो उनको...

---

1. कोशिश 2. सफलता 3. अभिमान 4. चुभन/टीस

पंक्तियों का आशय:

कुछ लोग आम रास्तों से हट कर, जिंदगी में कुछ अलग करना चाहते हैं, भीड़ से भिन्न पहचान बनाने की खातिर प्रयास करते हैं, परन्तु अगर वो अपने लक्ष्य में सफल नहीं हो पाते हैं, तो समाज में अक्सर उनका मज़ाक बनाया जाता है, बहिष्कार किया जाता है। उसी मनोस्थिति का वर्णन इस नज़्म में किया गया है।

राज़ की नुमाइश न कर

बीती रात के असरार[1] बहुत हैं

होने को सेहर में बेनक़ाब हैं बातें

अर्से से गुमनाम, थी बुदबुदाने की जुस्तुजू

हाल-ए-दिल सुना गई महफ़िल-ए-गुफ्तगू

आज़ार[2] था, मन हल्का कर गया अपना

यूँ बाज़ार में तू अब बेआबरू न कर

हमदर्द के राज़ की नुमाइश न कर...

हमराज़ समझा था किसी ने, तफ़रीह न ले

क़ुर्बत[3] को कुछ तो एहतिराम[4] दे

हर ज़िक्र की तफ़सील[5] नहीं होती

दर्द साझा कर, तकलीफ कम जो होती

ग़म-गुसारी[6] का मान रख, तफ्तीश न कर

हमदर्द के राज़ की नुमाइश न कर...

---

1. राज़ 2. कष्ट 3. नज़दीकी 4. सम्मान 5. विस्तार से विवरण
6. सहानुभूति

सांवरिया राब्ता

ऋतुओं की अविरल परिणती[1], महज़ प्रतीक कहूँ या विज्ञान
ही शायद
शिशिर से पिघलती बर्फ का
वसंत की दूब तरावट से
कुछ परस्पर सांवरिया[2] राब्ता[3] है।

मानव जीवन में वक़्त से बुनते अफ़सानो का अभिप्राय कहूं या
सत्य शायद
पहली किलकारी से, मसान की चौखट का
संसिद्धि[4] के संज्ञान से
कुछ परस्पर सांवरिया राब्ता है।

धरा से नभ तक फैली सृष्टि का, संयोग कहूं या समन्वय[5] शायद
समंदर की सतह पे, बहती पवन का
फसलों को ताकते किसान के सपनो से
कुछ परस्पर सांवरिया राब्ता है।

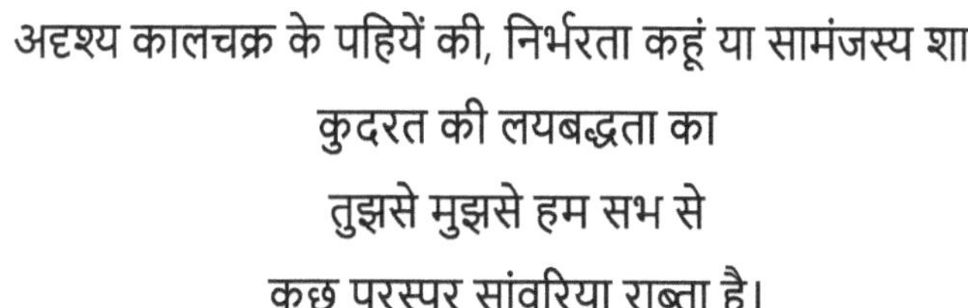

अदृश्य कालचक्र के पहियें की, निर्भरता कहूं या सामंजस्य शायद

कुदरत की लयबद्धता का

तुझसे मुझसे हम सभ से

कुछ परस्पर सांवरिया राब्ता है।

----

1. बदलना 2. प्यारा 3. सम्बन्ध 4. पूर्णता 5. नियमित क्रम

कविता का आशय:

प्रकृति के सभी अंग, क्रिया-प्रतिक्रिया, प्रत्यक्ष या अप्रत्यक्ष रूप से जुड़े हुए हैं तथा एक दुसरे पर निर्भर करते हैं। उसी भाव का वर्णन इन पंक्तिओं में किया गया है।

कुदरत की मौनी चेतावनी

लम्बे अर्से से न बरसे थे बदरा

व्याकुल मानुस था, थी धरा अचरज बेचैन

संजोय दरिया का कतरा-कतरा

बरखा की दरस में बांधे नयन।

एक रोज साधना अमल हुई

सोये बादलों तक पहुंची तड़पन

हुई थी पवन से अचला की अगुवाई

छलकी बूंदे यहाँ-तहाँ घनन-घनन।

कहीं टूटे बाँध, उफनाई नदियां, तालाब

घर गाँव यहाँ-तहाँ डूबे तमाम

दूर-सुदूर आज भी जमीं के हैं अधूरे ख्वाब

सूखी फसलें, दरख़्त, जीव ताकते आसमां।

सृष्टि का यह लयबद्ध चक्र शाष्वत सत्य है
किन्तु अनियमित्ता[1] पे आरोपण कितना सही?
धरती की बेचैनी बादल जरूर समझता है
पर प्यास बुझाना उसका ही नैतिक कर्म नहीं।

मानव की जरूरतों को धरा समझती है
क्या जल सरंक्षण उसका भी फ़र्ज़ नहीं?
कुदरत का संतुलन यूँही नहीं बिगड़ा है
कभी ये अंधे विकास का दंड तो नहीं?

---

1. नियमित न होना

प्रारब्ध भोगना पड़ेगा

सौर्यमंडल[1] की सभा सजी थी
लिए परिक्रमा[2] से अल्प विराम
दूर दराज़ से आये गृह नक्षत्र सभी
क्रमबद्ध सुनाने व्यथा-वेदना तमाम।

ज्येष्ठ सूर्य की नियमित समिति थी
होते आये थे धरा के ही गुणगान
अलग-थलग, ईर्ष्ु उदास बैठे थे सभी
जीवनोपयोगी[3] तत्त्व जो लिए थी वो तमाम।

बुद्ध, शुक्र, मंगल, बृहस्पति आदि की अरज थी
क्यूँ धरा पे ही पाते जीव, वनस्पति, इंसान?
शिकवे अपने-अपने लाये सभी
मांगे वायु, जल, सूरज से उचित दूरी, तापमान।

दूर खड़ी धरा सभ चुप सुन रही थी

वृद्ध मन-तन लिए दूषित जान

देख हैरत में आये गृह सभी

ढूंढे गुजरा हुआ उसका अभिमान।

लोभी इंसान की नीच हरकत थी

न किया था प्रकृति का वाज़िब सम्मान

विषैले हो गए जैविक स्त्रोत सभी

लुटि अस्मिता[4] देख शरमाया ब्रह्माण्ड।

थकी, हताश धरा चेताई थी कभी

अन्य ग्रहों का दोहन भी उसका अरमान

बिन तेरे ही सुखी हैं! घुरयिे सभी

पछतायेगा! गर लाँघि रेखा, किया अपमान।

देख-सुन भानु की आंखों में आग थी

भीषण ताप से गर्जाया प्रधान

दहशत में आये गृह, चंद्र सभी

वर्षों पहले कभी देखा था ऐसा आह्वान।

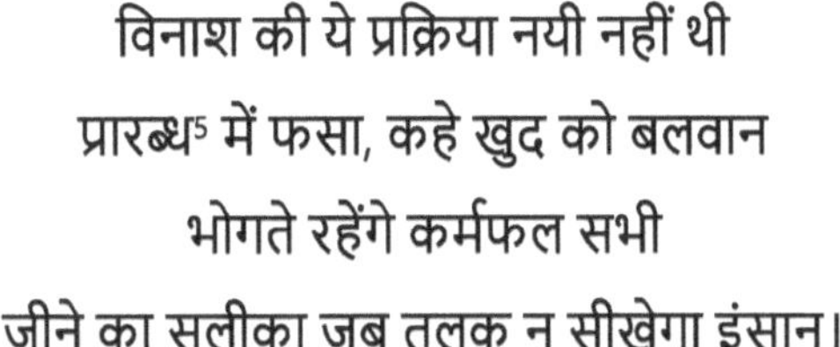

विनाश की ये प्रक्रिया नयी नहीं थी

प्रारब्ध[5] में फसा, कहे खुद को बलवान

भोगते रहेंगे कर्मफल सभी

जीने का सलीक़ा जब तलक न सीखेगा इंसान।

---

1. सूर्य के चक्कर लगाने वाले ग्रह/उपग्रह 2. चक्कर लगाना
3. जीवन के लिए उपयोगी 4. आत्म सम्मान 5. पूर्व जन्म के कार्य

चेतना का उत्थान

आसक्ति[1], ईर्षा, क्रोध, काम में जकड़ी चेतना[2]
परितोष[3] प्राप्ति का सुख क्या जाने
पूर्णता ही शाश्वत सत्य है, शेष मन के भ्रम है
अनुपम अहसास लिए बिना कैसे माने।

जब चित्त[4] में घृणा हो, इकरार न हो गलती का
अहम् हो हावी, झूठे हों कथन
उस निम्न स्तर की चंचल-चेतना का सारथि
चिंता ही पाए, क्या ख़ाक करे चिंतन।

जटिलता मन में पाले बेवजह
जो सरल-सहज मूल से रखे दूरी
मन उसी का रहता उदासीन है
अक्सर जिसकी विलासी इच्छाँए न हों पूरी।

तनाव, अवसाद[5], स्वार्थ जब रहता है साथ
निहित[6] ऊर्जा का न होता आभास
भजन-भक्ति करते अनुरागियों का
मगरूर मन-मगन रागी उड़ाते परिहास।

क्यों न किसी रोज़, आरम्भ करें एक शोध
निर्मोल ज़िंदगी के अग्रिम वर्षों में तप व बोध
मेरे "हाँ", तुम्हारे "ना" में मतभेद होंगे
निष्काम कर्म में निसंदेह एक होंगे।

सिद्धि-असिद्धि में होगा जब समभाव मन
खुदी से मुक्ति होगी, आहलाद[7] में जीवन
ईश में समर्पण होगा और केंद्र में अध्यात्म
तुरीय[8] चेतना व समग्र ज्योति होगी उद्गम।

---

1. मन का लगाव (Attachment) 2. समझ (Consciousness)
3. संतोष (Fulfillment) 4. मन, यादों का संग्रह 5. उदासी
(Depression) 6. अंदर स्थित 7. आनन्द 8. मन मस्तिक में शांति
(Thoughtlessness)

माँ की अनुकम्पा

चंद लफ़्ज़ों में ना सिमट पाए तार्रूफ़[1] जिसका

वो असीम कृपा का है भंडार

माँ का मान, ईश की स्तुति[2] समरूप

उसकी आभा में ही समाये पाक धाम चार।

कमला-विमला, अन्नदा-दुर्गा, भिन्न रूप सकल बसाये

श्रद्धा सबुरी[3] का वो अनंत स्त्रोत

माँ का जीवन निस्वार्थ समर्पण का है प्रतीक

निलय[4] के बरकत की वो अखंड ज्योत।

जिसके आँचल सरीखा नहीं कोई बिछौना है

चाहे कितनी हो धन-दौलत, द्रव्य, मुद्रा कमाई

माँ की नज़रें परख लेती हैं रोग, दुःख-दर्द

अमीरी है उसकी, जिसके साथ खड़ी उसकी माई।

लड़ जाए जग से औलाद की खातिर, करे अगुवाई
हो बछिये की गैय्या या केशव की मैय्या...
माँ की फटकार में भी छिपा लाड दुलार है
शोक संकट विपदा में बन जाए खेवैय्या।

संतान से दूरी ना सह पाए ममता
सलामती में सदा लगाए अरदास
माँ स्वयंपूर्ण है, एक अविरल धारा प्रेम की
पहली दोस्त, गुरु, इश्क़ जो सभसे खास।

----

1. परिचय 2. प्रशन्सा 3. सब्र 4. घर

पिता का आवरण

गम में आंसूं दिखलाता नहीं
तकलीफ़ में करहाता नहीं

हो जेब में चव्वनी, जिद पे खजाने लुटाता है
मानस वही दर्जा पिता का पाता है।

कहो डैडी, बापू, अब्बा या पापा
रखे है धीरज कभी खोये ना आपा

तूफ़ान में इम्तिहान में जो स्तम्भ-सा है दरख़्त
उस बगिया की छावं में कुल सदा रहे आश्वस्त।

घर आने से जिसके सांझ में खुलती हैं सौगातें
परवरिशों में जलाये अपने दिन और रातें

सही रास्ता दिखाए जिसकी फटकार है
पाया हर मंजिल वो जिसने किया सत्कार है।

पिता त्याग की है परम अनंत सीमा
सदन को सींचे जिसका खून पसीना

आखें जिसकी हैं परिवार की निगहबानी
अनुभवों से लबरेज किस्से सुनाये वो जुबानी।

नसीब से मिलता है बाप का पहरा
जो चला कर तुम्हे कई बार है ठहरा

है त्याग की जिसकी इन्तहां गगन
उस पिता को बारम्बार नमन।

---

1. पेड़

था रैन बसेरा चिड़िया का

दरीचे पे एक रोज़, आरजू आयी
पैगाम लिए सवेरे वो किसका न जाने
मेरी हलचल की पहचान है उसको, कुछ पलों से
मुरझाई-सी ताके मुंडेर पे भिखरे दाने

फड़फड़ायी पंख, हुई चोंच से तुक तुक
पहली पहर बुदबुदाने लगी बेबस अपनी यातना
था आशियाना उसका जहाँ दीवारें खड़ी हैं
तरु के आँचल में बस्ता था कभी गुलिस्तां

ढाहकर सदन, महलों की बुनियादें बनी हैं
सस्ती जान की परवाह करता नहीं कोई
कतरा-कतरा संजोया था कुल की खातिर
लौटी तो अपनों से जुदा कर गया कोई

आँखों में तन्हाई का गम था, जुदाई की नमी थी
व्यथा में आतिश, आक्रोश भी प्रबल था
कैसे लौटा सके कोई उसको गुजरा पल
बिछड़ों से मिलन जो अब ना मुमकिन था

दर्द-ए-दिल जाना उसका, खिन्न हुआ मन मेरा
सुनी फ़रियाद, था अब तक बहरा
ओ री चिरैया! चल बना ले इस मुंडेर को अपना डेरा
दाना पानी दूंगा हर रोज़, गर बाँट सकूँ, कुछ गम मैं तेरा

भोग-विलास की मार सहते कितने ही ऐसे अरण्य
ना संतुलन की परवाह, ना है विकास पे संयम
विलुप्त हो रहीं कई अद्भुत जीव, नस्लें, बियाबां
मूक साक्षी है "वसुधैव कुटुम्बकम¹"
मूक साक्षी है "वसुधैव कु टुम्बकम"।

----

1. सम्पूर्ण वसुधा अर्थात पृथ्वी एक कुटुंब (परिवार) के समान है

नये पुराने

नये दौर के अपने अफ़साने होते हैं

अंदाज़ नये, पर शौक़ तो पुराने होते हैं

हो ज़िन्दगी की धुन नयी जरूर, गीत जो उसे बीते दोहराने होते हैं

तनाव, अवसाद की लहरों में, आस्था से सवाब भी तो कमाने होते हैं

मंदिर-देवालय नए हों बेशक़

भगवान तो सनातन पुराने होते हैं

रोगिओं की कतारें लम्बी हैं, हर मोड़ पे अंग्रेजी दवाखाने हैं जरूर

तकलीफें बढ़ी हैं, बीमार भी नये है

एहतियात बरतें तो जनाब, नुस्खे तो कामयाब पुराने होते हैं

नये दौर के अपने अफ़साने होते हैं

अंदाज़ नये, पर शौक़ तो पुराने होते हैं

हो ज़िन्दगी की धुन नयी जरूर, गीत जो उसे बीते दोहराने होते हैं

विज्ञान जीने का सुकून देता है जरूर, चयन सही, तो ही अंजाम
सयाने होते हैं
खोज-तकनीक नयी नवेलीं हो बेशक़
मूल नुक्ते तो वही पुराने होते हैं

कंप्यूटर से हर गुर नहीं मिलते, समस्या हो नयी, पर सुलझाते
तजुर्बे पुराने हैं
सुझाव बुजुर्गों के भी कुछ लेलो,
नयी शाखों के भी तने पुराने होते हैं

नये दौर के अपने अफ़साने होते हैं
अंदाज़ नये, पर शौक़ तो पुराने होते हैं
हो ज़िन्दगी की धुन नयी जरूर, गीत जो उसे बीते दोहराने होते हैं

नये प्यालो के चस्के आजमाने हैं, मिलने-मिलाने के वही बहाने हैं
तारीख बदले हर साल की, जरुरी नहीं
ख़ुशी के त्यौहार तो वही पुराने होते हैं

दूर से होती है सलामती की फ़र्ज़ अदाई अब तो
अदब के तौर तरीके नये हों,
पर सत्कार से जो मिले, वो आशीष पुराने हैं
रूह वही रहती, किरदार नये और नाम पुराने होते हैं

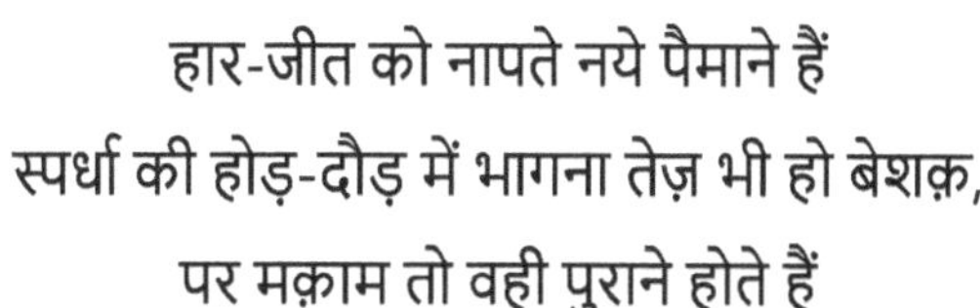

हार-जीत को नापते नये पैमाने हैं
स्पर्धा की होड़-दौड़ में भागना तेज़ भी हो बेशक़,
पर मक़ाम तो वही पुराने होते हैं

नये दौर के अपने अफ़साने होते हैं
अंदाज़ नये, पर शौक़ तो पुराने होते हैं
हो ज़िन्दगी की धुन नयी जरूर, गीत जो उसे बीते दोहराने होते हैं।

दबे अलफ़ाज़ दिल के

दिल आज कुछ उदास-सा है

छूट गया जैसे कोई ख्वाब-सा है

गला ना जाने क्यों भर रहा है

जो आंसू बह ना सके, वो पी रहा है

कुछ देर बैठूं अकेला तो दिल तलाशता तस्कीन[1] है

दिल की दरारों से कुछ छवियां झाकने-सी लगती हैं

पुरानी यादों के पन्ने हवा में छटपटाने से लगे हों

अनकही बातें, सवाल, गलतफैमियाँ मन को खाने-सी लगी हों।

एक सांझ, वो पैगाम पढ़ा, ज़िन्दगी से फिर पिछड़ा

था अपना एक हमदम बिछड़ा

जो रंग बटोरे थे कश्मकश-ऐ-ज़िन्दगी

कहीं बह गए, रह गए, करूँ कहाँ अब बंदगी[2]?

सफ़ेद चादर की पनाह में बेखबर से वे सोये

कुछ चेहरे थे अपने जरूर जो रोये

ज़िन्दगी चंद सिक्कों में सिमटी बैठी थी सामने

गुनगुना रही कुछ नग्मे, बने जो अब अफ़साने[3]

इशरत[4] दौड़ में वक़्त की इकाईआं गिनता रहा

हकीकत से हर बार मुँह फेरता रहा

मुख़्तसर मुलाकातों में बातें अल्फ़ाज़ ना बनी

आज ना जाने उतर आयी आसुंओ-सी सिहाई में सनी।

बात लगे जरूर फ़रमानी है

पर ज़िन्दगी का अंजाम, फानी है

खो कर ही सही, यह बात जानी है

अधूरी 'शमा, इक़रार[5], इल्तिजा[6], प्यार' देते चित्त को हानि है

वृत्तियाँ[7] स्वश्थ रहें, रंजिशे न रखें दूरी

बहर-हाल हो चाहे कड़वी मजबूरी

मन का उपद्रव[8] भी तो शांत रखना है जरुरी

ख़लिश को मिले सुकून, गर हो गुफ्तगू पूरी।

---

1. सांत्वना 2. आराधना 3. दास्ताँ 4. भोग विलास 5. स्वीकृति
6. निवेदन 7. मन की दशा 8. हलचल

नज़्म का आशय:

हम अक्सर अपने दिलों-दिमाग में कुछ बातें पकड़ के रख लेते हैं और अपने करीबियों से जता नहीं पाते, वो चाहे मनमुटाव हो, प्यार हो, प्रार्थना हो, शुक्राना हो। हम सब जानते हैं की जीवन नश्वर है, इसलिए जरुरी है की मुद्दे/बातें समय रहते सहजता से सुलझा-समझा ली जाएँ अन्यथा व्यर्थ पछतावा सा रह जाता है और मन परेशान रहता है। उसी सन्दर्भ में ये पंकितयां लिखी गयी हैं।

अंजाम ही सही, देख कर तो आता

बड़ी अलबेली है री तू जिंदगी

शब्-ऐ-फुरकत[1] भी तुझमे फज़्र-ऐ-मिलन[2] भी

अधूरी हसरतों की कसक है

की काश वैसा किया होता,

रहगुज़र[3] कोई और लिया होता

तो एक इम्तीनां भी है, जहाँ तक हैं पहुंचे।

तेरे ये अविरल बहते लम्हें ठहर जाएँ कभी तो

अक्सर मुझे ये ख्याल है आता

निर्झर[4] अक्षांश[5] रेखाओं के मोड़ जहाँ तक जाते

मैं वो फैलाव देख आता

कुछ मंजिलों को पाने का संशय था जेहन में

अंजाम ही सही, देख कर तो आता...

कुछ अधूरे फ़र्ज़ थे, कुछ अनकहे लव्ज़ भी

वो शामें जो ढल चुकी हैं

वो महफिले जो गुनगुना चुकी हैं

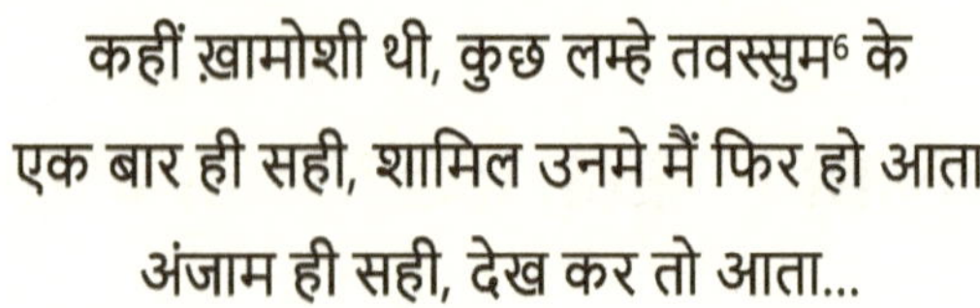

कहीं ख़ामोशी थी, कुछ लम्हे तवस्सुम[6] के
एक बार ही सही, शामिल उनमे मैं फिर हो आता
अंजाम ही सही, देख कर तो आता...

यूँ मायूस महरूम-सा जिए जा रहा हूँ मैं किस अनवर से
सुधार के कुछ अंश का इल्म तो हो मुझे
रुखसत से पहले मैं तेरी नजरों से देख आता
कुछ मंजिलों को पाने का संशय था जेहन में
अंजाम ही सही देख कर तो आता...

बड़ी अलबेली है री तू जिंदगी
शब्-ऐ-फुरकत भी तुझमे, फज़्र-ऐ-मिलन भी।

खैर नट का रंग मंच तो वही रहता, फक़त अदाकार हैं बदलते
अदाकारी भी सभकी जुदा जुदा,
कोई किसी से रूठा, कोई किसी से छूटा
कोई गवां गया, तो किसी ने जो चाहा, वो पा गया
पर तू निशब्द-सी समेटे जज़्बात, यादें, नग्मे, शांत बहती रही
कोई सुने तो सही कुछ कहती रही...

ज़िन्दगी वक़्त पे तैरती तसव्वुर[7] सी है लगती
हम लहरें समंदर की, पानी एक सा लिए छलखतीं

हर इंसान रुख ले रहा पतवार के इशारों में

ना जाने क्या पाने को समग्र सागर में

किसी को अहम् ले डूब रहा किसी को रार

कोई खौफ में जी रहा तो कोई करता है पलटवार

मंजिले अनंत हैं सभकी, रास्ते भी असीम हैं

फिर भी ना जाने क्यों तकरार-सा है

मैं सही, तू गलत का खुमार-सा है

कोई अपने गुरुर में है, तो दूजा सुरूर में है

एक तू है जो बेफिक्र-सी बह रही है

प्राजक्ता[9] सी महक रही है

कोई सुने तो सही कुछ कह रही है...

बड़ी अलबेली है री तू जिंदगी

शब्-ऐ-फुरकत भी तुझमे, फज़्र-ऐ-मिलन भी।

रात की तन्हाई को, सुबह के जूनून में, है घुल ही जाना

भटके-भूले को मंजिल तलक, है एक दिन तो आना

आने वाले कल को देखा है किसने

मुक़द्दर से ज्यादा पाया है किसने

जो तेरा है, वो तुझको मिल ही जायेगा

जिंदगी के चक्र को जाना है किसने?

बड़ी अलबेली है री तू जिंदगी

शब्-ऐ-फुरकत भी तुझमे, फज़्र-ऐ-मिलन भी।

सही गलत, सुख-दुःख, नफा-नुक्सान

है अपने-अपने नज़रिये का ज्ञान

मुकम्मल जहान तो सभ को है पाना

मिलता वही जो कर्मों का ताना-बाना

जो मिल गया उसका शुक्र मनाना

जो तेरा नहीं वो किसी और का है दाना...

बड़ी अलबेली है री तू जिंदगी

शब्-ऐ-फुरकत भी तुझमे, फज़्र-ऐ-मिलन भी।

---

1. जुदाई की रात 2. सुबह का मिलन 3. रास्ता 4. निरंतर बहता
5. ब्रम्हांड 6. मधुर मुस्कान 7. कल्पना 8. फूल

पंक्तिओं का आशय:

अक्सर जिंदगी में हम सही गलत के चयन में, बेहतर अवसर के इंतजार में, फैसलों के चुनाव में, सलाह से, तुलना में, भ्रमित व चिंतित हो जाते हैं और अतीत में वापस जाकर गलतिओं का सुधार करना चाहते हैं। उसी मनोस्तिथि का वर्णन यहाँ किया गया है।

ज़िन्दगी मैं तुझे बहते देख रहा हूँ

ज़िन्दगी मैं तुझे बहते देख रहा हूँ

तैर जाऊं अपनी ही उमंग में

या कुछ और देर उन तैराको को देखूं

सीखने की जुस्तुजू भी है, बिछड़ने का डर भी

यही सोच रहा हूँ, ज़िन्दगी मैं तुझे बहते देख रहा हूँ।

तैराक बहुत हैं दरिया पे तेरे जो हिदायतें दे जाते हैं

कुछ हैं जो तैर गए हिचकोलों में, कुछ छटपटा रहे लहरों में

किस्से सीखूं अदाकारी यह बेशक मैं सोच रहा हूँ

मुसलसल[1] काफिले को तेरे आँचल में विलीन ही होता देख रहा हूँ

ज़िन्दगी मैं तुझे बहता देख रहा हूँ।

खैर सभी तर्क बताते हैं, नियम कायदे जताते हैं

जो सही लगा वो मान लिया, कही सुनी बातों ने, मेरा रुझान लिया

साहिल पे खड़ा मैं तेरी छींट पुकारो से यूँ तो भीग रहा हूँ

शायद सीख जाऊं कुछ, यही सोच रहा हूँ

ज़िन्दगी मैं तुझे बहते देख रहा हूँ।

सही-गलत, अच्छा-बुरा ना जाने क्या सच था

खुद से गुफ्तगू ना की, हैरान मैं तब तक था

ना कोई है ना कोई था, यूँ इंतजार में वक़्त क्यों हैं गवाना?

ना अंजाम का खौफ है, ना ही डगर की गहराई का बहाना

ना गुरुर है अजमत² का, ना इल्म को पाने का फितूर।

चलो अपने विवेक से गोता लगाते हैं

खोल के बाहें बंदिशों³ से आगे बह जाते हैं

अगले घाट पे तू बहती मिले मुझे, ऐसी कल्पना कर रहा हूँ

ज़िन्दगी मैं तुझे बहते देख रहा हूँ

ज़िन्दगी मैं तुझे बहते देख रहा हूँ।

---

1. लगातार 2. गौरव 3. बन्धन या रुकावट

पंक्तिओं का आशय:

ज़िन्दगी में हम दूसरों की सलाह, जीने की कला, औरों के नजरिये से बहुत प्रभावित होते हैं और खुद का आंकलन करने लग जाते हैं कि कभी हम ही गलत राह पे तो नहीं चल रहे? परन्तु हम पाते हैं कि सामने वाला इंसान भी उतना ही असमर्थ है, सही क्या है, नहीं जानता, वह भी निरंतर प्रयोग ही कर रहा है।

आज दिल की गहराइयाँ कुछ यूँ अलहदा हैं

आज दिल की गहराइयाँ कुछ यूँ अलहदा[1] हैं
कोई रोष नहीं किसी से, यह मेरी अदा है...

जब खड़े हुए पैरों पे खुद के
सोचा था ढालेंगे वक़्त को सांचे में हक़ से
हैं दायरे बहुत, थे रूढ़ि-रिवाज बैठे पैर पसारे
यूँ ही सही गलत के पैमानों में, अतीत को दोहराने में
कहीं मुरझा-सी गयी ज़िन्दगी।

आज दिल की गहराइयाँ कुछ यूँ अलहदा हैं
कोई रोष नहीं किसी से, यह मेरी अदा है...

नियम दायरों को लांघू तो वजूद के तराजू पे नापती है दुनिया
खुद के रास्तों पे मंजिलें तलाशूँ, या लांघू परिधि, तो ताकती है दुनिया
कोई राजी नहीं हमसे बदनाम से हैं बागी
दीवानगी में महज कुछ लम्हें ही जीए थे, कहलाये हम दागी
खुलूस-ए-आदत[2] अब अदावत[3] हो गयी, रिश्तों की गर्मी,
तरावट हो गयी।

आज दिल की गहराइयाँ कुछ यूँ अलहदा हैं
कोई रोष नहीं किसी से, यह मेरी अदा है...

अध्यात्म की अभिरुचि दे नए परिंदो को, तो बेशक साज है संस्कृति
वह नहीं, जो बरसों से संदूकों में बंद, गुरुर-सी है बैठी
वह नहीं, जो बंदिशों सी घुटन हो और नाम दे आदर्श का
रिवायतें वो नहीं जो हों तक़रीर से तीखे सरीखे
प्यार बाटें आँखें तो हर शख्श मुस्कान से सीखे।

आज दिल की गहराइयाँ कुछ यूँ अलहदा हैं
कोई रोष नहीं किसी से, यह मेरी अदा है...

समाज की कुरीतिओं के हैं अनेक सक्रिय रूप
जहाँ बदलाव और प्रगति की नहीं पहुंची है धूप
'सम्मान हत्या'[4] के खिलाफ भी हम कहाँ जागरूक?
हो रूढ़िवाद, अन्धविश्वास, जातिवाद या छूआछूत
रोड़े ही बनते रहे राह में यदा कदा फलस्वरूप

ज़िन्दगी में आगे बढ़ने की हर किसी की है इच्छा
पर समर्थन के अभाव में रहती प्रतीक्षा
गर चुनाव का हो हक़, कूच हो बेधड़क
अंजाम की झिझक ना हो और मिले वाज़िब[5] शिक्षा
घर का गौरव बने स्वत्रंत, सक्षम ईक्षा।

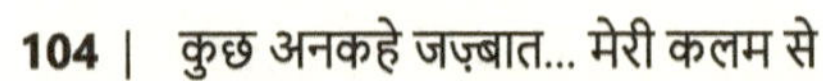

बुनियादी हक़ से हम अब तक हैं जुदा

न मौके मिले उड़ने के, उत्पीड़न ही हुआ सदा

कभी तो किसी को बदलनी होगी यह रजा

आज दिल की गहराइयाँ कुछ यूँही नहीं अलहदा

कोई रोष नहीं किसी से, यह है मेरी अदा...

---

1. जुदा 2. सच बोलना 3. शत्रुता 4. ऑनर किलिंग 5. उचित

नज़्म का आशय:

भारत के सुदूर गाँव के पिछड़े समाज की एक काल्पनिक लड़की की व्यथा है जिसे सामाजिक बुराइयों के मद्देनज़र शिक्षा, व्यवसाय, जीवन साथी आदि के चुनाव एवं अभिव्यक्ति की स्वतंत्रता में अनेक कठिनाईओं का सामना करना पड़ता है।

कोहरे के पार जाना है

नभ से बहता बादल-सा, लगे हिम से पिघलती बर्फ-सा
ठिठुरती भीगी खिड़की पर, फैला कपास की चादर-सा
ठण्ड ने बून्द-बून्द को कुछ यूँ जकड़ा है
ठहरा है, गहरा है, धुंध-सा भिखरा है
हर ओर फैला घना ओस का पहरा है।

राही स्तब्ध भ्रमित है, मंजिल का अता-पता नहीं
साथी ओझल हैं, इर्द-गिर्द दिखता नहीं
खैर धुंधली नज़र नहीं, धूमिल सोच का दायरा है
ठहरा है, गहरा है, धुंध-सा भिखरा है
हर ओर फैला घना ओस का पहरा है।

विवेक से संभल कर निकलो तो सही, अंजाम जो हो कल का
दृढ़ निश्चय था, सो पहुँच गए, विलम्ब उन्हें हुई, जिन्हे थी शंका
महज ऋतुओं का क्षण नहीं, ये डर का पर्दा है
ठहरा है, गहरा है, धुंध-सा भिखरा है
हर ओर फैला घना ओस का पहरा है।

निर्भीक बनो, निर्भर नहीं, सुनो रे प्रवीन

सूरज उगेगा कुहासा¹ छटेगा, खवाबों में न बैठो दिशाहीन

साहस था जिनमे, ध्वज उनका फहरा है

ठहरा है, गहरा है, धुंध-सा भिखरा है

हर ओर फैला घना ओस का पहरा है।

---

1. कोहरा

नए रास्ते

न किसी के रंग में, न किसी के रंज[1] से

खुद के रण में निकल पड़ा हूँ

वजूद की तलाश में, हूँ मलंग[2] मैं

खुद के रण में निकल पड़ा हूँ,

फिर उसी आग में, हूँ मलंग मैं।

यूँ गुलाल-सा बिखरा था, कभी वक़्त की चाल से

हवा में रहा तैरता मगर हूँ

थमा, पर महकता रहा, अपने ही रंग में

खुद के रण में निकल पड़ा हूँ

फिर उसी आग में, हूँ मलंग मैं।

यूँ घुल गए हैं फ़िज़ा में रंग बेशक अंतरंग[3]

मिटा नहीं, खो कर उठा हूँ,

महकने को फिर बेक़रार मैं

खुद के रण में निकल पड़ा हूँ

फिर उसी आग में, हूँ मलंग मैं।

रुखसत[4] से पहले हुआ हूँ रु ब रु आईने से

है डर नहीं खुद के ऐतबार में हूँ

मलंग मैं, वजूद की तलाश में हूँ

खुद के रण में निकल पड़ा हूँ

फिर उसी आग में, हूँ मलंग मैं।

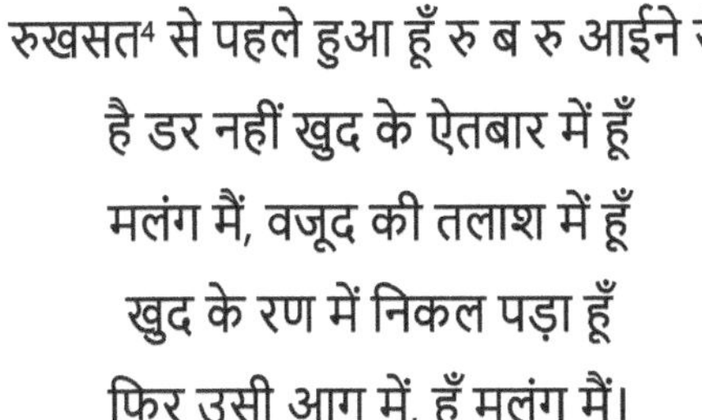

1. मनमुटाव 2. निश्चिंत तथा मस्त 3. अभिन्न 4. मर जाना

कविता का आशय:

वक़्त की मार के आगे जो इंसान कभी पिछड़ गया था, एक नए अन्दाज में अपनी व्यथा बयां कर रहा है की वो बिखरा जरूर था, पर हारा नहीं है, मन मौजी है, पर बेफिक्र नहीं हैं, कुछ देर थम गया था, अब उड़ने को बेक़रार है।

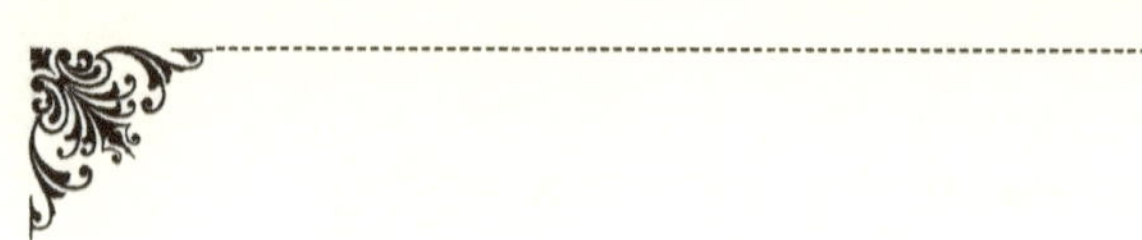

आरोहण

तेरे मन की अभिलाषा में
वो ज्वलंत प्रतिज्ञा कहाँ नम है
जिसके समकक्ष हर ओर दिशा में
कोई अजय लक्ष्य टिकता ना था।

यूँ हारा सा, तू वीर तपस्वी
क्यों सहमा, परेशान है खड़ा
जिसके समकक्ष हर ओर दिशा में
कोई अजय लक्ष्य यूँ हँसता ना था।

रजनी, तमस[1], संकट हैं द्वार पे
ढाल-धनुष पहन, सिंह-सी ललकार कर
संग्राम हो, प्रलय गिरे, प्रचंड ऊर्जा सी
तू दहाड़ कर, थक मत, अचूक प्रहार कर।

भय, वहं, प्रमाद, निराशा
गर्दिशों[1] को दरकिनार कर
स्पष्टता ला, त्रुटियों में सुधार करता चल
हो खड़ा, जग का उद्धार कर।

उठा गांडीव! शंखनाद ऐसा कर
हिल जाए पर्वत, गिरे ध्रुव तारा
जिसके समकक्ष हर ओर दिशा में
प्रचंड गर्जना कोई करता ना था।

---

1. अन्धकार 2. बदक़िस्मती

उम्मीद

ख़्वाबों की ताबीर में
निशा से नई सहर आयी है
जैसे ख़िज़ां[1] में बिखरे फूलों ने
महक वापस पायी है

सऊबत-ए-सफ़र[2] में राकिब ने
अक्सर आखों से नमी छुपाई है
दौड़ में रुक हार कर
किसने तारीफ़ कमाई है

निशा से जीत कर, नई सहर आयी है...

बीते वक़्त से रुखसत लेकर
आगे बढ़ना बेहद जरुरी है
अपने पंखों पे रखना अक़ीदा[3]
हर बार न इमदाद[4] मिल पायी है

निशा से जीत कर, नई सहर आयी है...

मंजिलें उन आँखों को मिलीं
जो डर के पार देख पायीं हैं
झोंके बेशक हों बादे मुखाल्फि[5]
शाहीन ने हौसलों से उड़ान लगायी है

निशा से जीत कर, नई सहर आयी है...

दिल की बेताबियों में
रातों की नींद गवाई है
बीता वक़्त आया है देने दस्तक
यूँ अशरारों[6] से रूह न घबराई है

ख़िज़ां में बिखरे फूलों ने
महक वापस पायी है
कल दश्त-ए-तन्हाई[7] थी
आज उम्मीद-ए-सहर आयी है...

----

1. पतझड़ 2. सफर की मुश्किलें 3. विश्वास 4. मदद 5. विरुद्ध
दिशा में चलने वाली हवा 6. भूत प्रेत 7. अकेलापन

सवाब कमाना है, चलते जाना है

वो मुकम्मल जवाब मिले ना मिले

नूर-ए-सहर[1] आये ना आये

जाने कब मुरादों की ताबीर हो

ख़ुलूस-ए-गुफ्तगू[2] हो

अजनबी रास्तों में मंजिल पोशीदा[3] हो

बस खुद को कल से बेहतर बनाना है

सफर ही हसीन फ़साना है

मुसाफिर हूँ, फ़क़त बहते जाना है...

वो तन्हाई के आलम हों

या संशय छिपा हो कहीं भीतर

कुछ पाने की आस हो

कुछ खोने का भी वहम सताए

कहीं बीते कल की याद आये

बस खुद को कल से बेहतर बनाना है
सफर ही हसीन फ़साना है
मुसाफिर हूँ, फ़क़त बहते जाना है...

जमाना अक्सर कुछ चर्चा करेगा
गिला, शिकवा अनंतर करता रहेगा
जख्मी ज़ज़्बातों पे कभी मरहम लगेंगे
कभी आप से तू महरम[4] बनेंगे
ख़िज़ाँ[5] गुबार[6] से हम गुज़रेंगे

बस खुद को कल से बेहतर बनाना है
सफर ही हसीन फ़साना है
मुसाफिर हूँ, फ़क़त बहते जाना है...

सरल ध्येय के रास्ते होते नपे नपाये
विषम लक्ष्य सिखाये लांघना बाधाएं
ख़ुशी के पल हों या ग़म के साये
आज नहीं तो कल सभी ने हैं पाए
बेशक सर्द हवाओं के झोंके हैं गहरे
हो नीव सख्त तो गिरते नहीं सेहरे

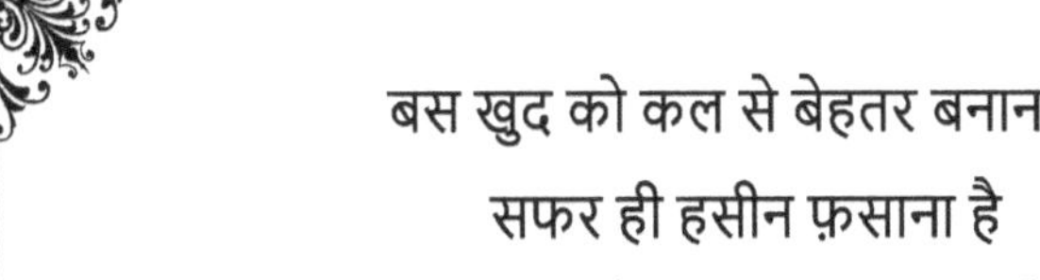

बस खुद को कल से बेहतर बनाना है
सफर ही हसीन फ़साना है
मुसाफिर हूँ, फ़क़त बहते जाना है...

---

1. प्रातःकाल का उजाला 2. सच से बातचीत 3. छिपी 4. परिवार का सदस्य 5. पतझड़ 6. धूल

सच की खोज

समय का पहिया हर वक़्त है चलता
गुज़रते पल-पल में शरीर है ढलता
अंत में, एक आह के सिवा कुछ नहीं बचता...

क्या वास्तव में जीतने के लिए कोई उपलब्धि थी?
क्या ज़रा, मौत ही जीवन की हक़ीक़त थी?
या चेतना ही एकमात्र सच्चाई थी?

सत्य जो मुझे पथिक बनाता है,
वजूद पर सवाल उठाता है
मक़ाम पा कर भी, मन खाली-सा लगता है...

कभी तो तुम भी तलाशते होंगे?
मखमली चादर में भी रातों को जागते होंगे?
हासिल करके एक लक्ष्य, नया मक़सद ताकते होंगे?

कलम मेरी है, पर जज़्बात तो तुम्हारे भी वही हैं,
महसूस तुमने भी किये हैं, जिंदगी के तराने जो वही हैं
दिल-ए-गुफ्तगू मेरी तुम्हारी वही है...

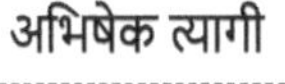

एक रोज़ बैठ कर गुरु की शरण में
सवालों पे लम्बी चर्चा चली
मोती मोती पिरो कर ज्ञान का, सत्य की माला बनी

उदारता जो रखे केंद्र में, वही सच्चा मर्मी है
नकली ख़्वाबों में यूँ तो समझे 'कर्त्ता' खुद को धर्मी है
पर मौज में रहता 'क्रिया' का उद्देश्य उसका अधर्मी है

सही-गलत की जैसी करनी वैसी भरनी है
ज्ञान अधूरा ही सही, कल्याण की शुरुआत तो फिर भी करनी है...
अलबत्ता स्वयं के इस बोध में ही ज़िन्दगी आखिर गुज़रनी है।

आखिर कौन है हम? जाना कहाँ है, कहाँ है पहुंचे?
दौड़ में बेहोश-सा न जाने कहाँ भागे तू, पीछे मैं आँखे मीचे
खुद को आत्मा न मानू मैं, शरीर का अहम् जो नीचे खींचे

खैर, जो मिल जाए आसानी से, सनातन सत्य इतना सस्ता नहीं
त्यागे बिन भोगी को यह कोरा सच भी दिखता नहीं
पूर्ण-भरपूर हैं हम, बंधन से परे हैं, हम सीमित नहीं... अफ़सोस
हमें ये ज्ञात नहीं

ज्ञान तो सर्वत्र है बिखरा, खोज तो खुद ही करनी है

यूँही बेहोशी में जीवन जी कर

ज़िन्दगी व्यर्थ बर्बाद क्यों करनी है?

गर नियत में प्रेम हो, तो न दोष दिखे न दोषी

जियो जैसे उन्मुक्त गगन में उड़ता संतुलन बनाये पक्षी

"अहम् ब्रह्मा अस्मि, तत् त्वम् असि[1]", कह गए मुनि-ऋषि।

यह जान कर भी नाव भंवर में न रहे फंसी

निष्काम[2] कर्मों से रिहा होती जन्मों की रस्सा-कसी

सृष्टि, शक्ति का शुक्राना करता चल, रखनी क्यों है बरबस बेबसी।

---

1. मैं ब्रह्म हूँ, वह तुम हो/मैं सर्वोच्च का शाश्वत हिस्सा हूँ 2. कामना से रहित

पंक्तिओं का आशय:

जीवन का सच जानने की उत्सुकता अधिकांश लोगो में रहती है। परन्तु हम अपनी सोच को सांसारिक वैभव और भौतिकवादी लाभ तक ही सीमित रखते हैं। परिणामस्वरुप सच का बोध नहीं हो पाता व मानव और कुछ पाने/जानने की कामना करता रहता है। जिसके उपरांत उसको जो ज्ञान होता भी है वो उसको भी निष्ठा से अनुसरण नहीं कर पाता और मिथ्या के कारण दुविधा में रहता है।

बेचैनी

बरसों से न जाने क्यों दर्द में रही

समझे न अपने, गैरों से भी न कही

सिहरन-सी रहती थी, गुमनाम-सी बेताबी भी,

आसरा ढूंढती थी, मजबूर थकी आँखें

सहकार तो मिला, सरोकार को ताकें

सहमी-सी, सहसा रफ़्तार भर्ती साँसें...

शायद कोई तकलीफ ज़दा अफसाना था

दाग़-ए-दिल हरा, घाव पुराना था

थी बेचैन रातों में नींद गुमशुदा, डर जो पुराना था

ख़ौफ़ रहता था कुछ खोने का,

बरसों से कन्धा न मिला था सोने का

एक रोज़ सर-ए-राह मिला कोई,

सवाल न थे, हमदर्दी से बात हुई

रूह में उसके भरोसा मिला,

वो पहला था, जिसे मिलकर न था शिकवा गिला

महफ़ूज़ अहसास ने सिसकियाँ थाम ली,

वो बताती गयी, बात हर उसने मान ली
बहे आंसूं, ज़ज़्बात लिखे सूखी पड़ी सियाही ने
सुनकर व्यथा, ठहराव दिया, अज़नबी हमराही ने।

नज़्म का आशय:

प्रस्तुत पंक्तिओं में एक ख़याली लड़की की व्यथा का वर्णन किया गया है जो किसी कारणवश घबराहट में जीती है और उसकी मनोस्थिति को कोई समझ नहीं पाता।

इश्क़ क्या है?

इश्क़, बदन की हवस नहीं

जो मिला हाथ और लपक लिया

झपकी पलक, पिघल गया, या

एक तलब उठी और फिर थम गया...

इश्क़, रिश्तों का सूत्र ही नहीं

जो कर्तव्यों की मजबूरी हो

इश्क़ सैलाब नहीं है भावों का

जो महज़ कशिश की हुज़ूरी हो...

इश्क़, ना काम है, ना वासना

ना है आपसी निर्भरता

वो किसी की जरुरत नहीं

जो मुक़म्मल होने पे, आनंद है भरता...

इश्क़ व्यापार नहीं, जहाँ लेना-देना हो

इश्क़ मोह नहीं, जहाँ भय-बंधन घेरा हो

इश्क़ आज़ाद है, न संदेह, न सीमा हो
इश्क़ है वहां, जहां हम-तुम एक हों...

इश्क़ मिलन भी है, जुदाई भी
इश्क़ स्नेह-सम्मान की रुबाई भी
बाकी तो कांच के सपने हैं,
आज हैं, तो कल नहीं भी...

जिसकी रब से आशिक़ी हो, वह योगी बनजाये
प्रियतम सबका वो, सभी की वो प्रियसी कहलाये
जिसे ख़ुद में तू और तेरे में ख़ुदा दिख जाए
हो कर फ़ना, तुम्हें इश्क़ से आबाद कर जाए...

खैर भरा घड़ा ही तो प्यास बुझाता है
जो असीम है, वही मतभेद समाता है
ख़ुद को जाना हो जिसने, वही सबको समान पाता है
ख़ुदी से मुक्त है जो, वही तो हारे को जिताता है।

नज़्म का आशय:

यूँ तो काम-वासना, आकर्षण, प्रियतम की चिंता, कर्त्तव्यपरायणता,
अपनों की देखभाल, प्यार, मोहब्बत आदि सभी एक ही पायदान में
समझे/बोले जाते हैं परन्तु वास्तविक पाक़ इश्क़ उसके भी परे है
जो स्थिति अनुसार बदलता नहीं।

ज़िन्दगी मैंने कुछ यूँ सरल कर ली

ज़िन्दगी कुछ यूँ सहल[1] कर ली मैंने
दूसरों से आशा करनी बंद कर ली मैंने
गलत वो भी नहीं, बस मिज़ाज़ अलग रखते हैं
वो जैसे हैं, मैंने अब उनसे मंजूरी कर ली

ज़िन्दगी मैंने कुछ यूँ सरल कर ली
तू जैसी भी है, अब बसर कर ली...

परवरिशें अलग हैं उनकी हमसे
हैं किस्से कहानियां भी कुछ जुदा
दोनों की चाल एक-सी मुनासिब न थी
कुछ मैंने कही, कुछ उनकी सुन ली

ज़िन्दगी मैंने कुछ यूँ सरल कर ली
तू जैसी भी है, अब बसर कर ली...

मुस्कान रखता हूँ चेहरे पे बरक़रार अब
आनंद में हूँ, ख़ुशी के पल ढूंढ़ता नहीं
डर में होती थीं अर्जियां मेरी, चौखट पे कभी
मोहब्बत जो अब खुदा से पाक़ नूरानी कर ली

ज़िन्दगी मैंने कुछ यूँ सरल कर ली
तू जैसी भी है, अब बसर कर ली...

चाहतों की सीमा नहीं होती मसान[2] तक
जो पाया, उसी की राज़ी है, अब कसक नहीं
जो दायरे से हैं बाहर, उसका रब रखे ख्याल
फ़िक्र-ऐ-फ़र्दा[3] नहीं मुझे, जरूरतें जो कम कर लीं

ज़िन्दगी मैंने कुछ यूँ सरल कर ली
तू जैसी भी है, अब बसर कर ली...

सहज भी हूँ, सरस भी, पर रखता स्वार्थ नहीं
रंज की कैफ़ियत[4] में करता समय बर्बाद नहीं
किसी को दे दी, किसी से मांग ली क्षमा मैंने
कुछ किया बर्दाश्त, बातें कुछ नज़रअंदाज़ कर लीं

ज़िन्दगी मैंने कुछ यूँ सरल कर ली
तू जैसी भी है, अब बसर कर ली।

----

1. आसान 2. शमशान 3. कल की चिंता 4. समाचार/वर्णन

आँखों-देखी

कभी वो अपने कभी पराये से नज़र आते हैं
एक रूह में कई चेहरे छिपाये नज़र आते हैं

आवाम का मिज़ाज़ सियासी ख़बरों से है बदलता
नीलाम हुए जो अख़बार, रोज़ाना फज्र[1] आते हैं

घुटन के वास्ते रखते थे जो दूरियां अब तलक रिश्तों से
वो आज़ाद परिंदे तनहा से नजर शाम-ओ-सहर आते हैं

इस दौर के हैं दस्तूर नए, हैं कायदे भी जुदा-जुदा
रस्म-ओं-रिवाजों के भी भूले बदले से मंजर आते हैं

बचपन की यादें संजोय रखे थे जो नशेमन[2]
सूनी गलियों में नज़र उनके बूढ़े शज़र[3] आते हैं

नाम है कामिल[4] पर ज़ेहन में तिशनगी[5]-सी है
आशिक़ दिलों के अलबत्तां नोमुराद[6] से जिक्र आते हैं

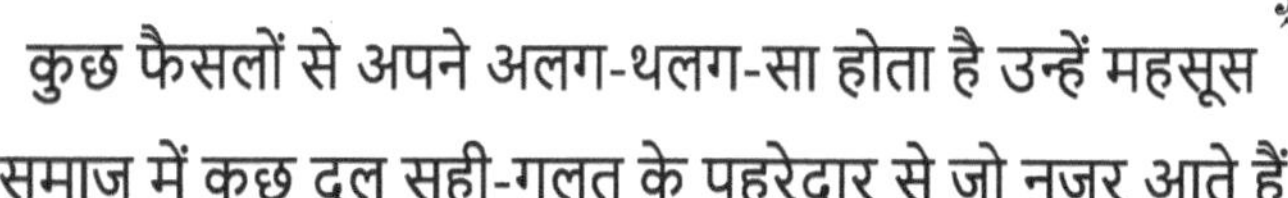

कुछ फैसलों से अपने अलग-थलग-सा होता है उन्हें महसूस
समाज में कुछ दल सही-गलत के पहरेदार से जो नज़र आते हैं

जवानी में जो थिरकते-चमकते थे शरारों की तरह मुर्शिद
ज़िन्दगी की दौड़ में दिखाई वो थके-हारे से जर्जर आते हैं

---

1. सुबह 2. आवास 3. वृक्ष 4. परिपूर्ण 5. तड़प 6. बदनसीब

कीमत चुकानी पड़ती है

शोहरत कमाने से पहले हर खोटी आदत गवानी पड़ती है
ख़ुशी के चंद लम्हों की भी यहाँ कीमत चुकानी पड़ती है

यूँही मिलती नहीं हैं बूंदों की फुहार जमीन को खैरात में
गर्मी में तप कर बादलों से बरसात उसे कमानी पड़ती है

अक्सर मुरझा जातीं हैं कलियाँ ढिलाई प्यार में हो जाने पर
महक कर फिर खिलने से पहले कई मर्तबा मनानी पड़तीं हैं

अंगारों पे चलने की नहीं करता कोई ज़हमत इस जहान में
इज़हार-ए-मोहब्बत की उम्र भर जो कीमत चुकानी पड़ती है

ख्वाब होता है एक आशियाने का सभी का अज़ीज़ की खातिर
ईंट ईंट जमा कर शिद्दत से पक्की ईमारत वो बनानी पड़ती है

मुट्ठी भर ही दिखे बाज़ सरीखे फ़लक-परवाज़[1] बादलों में बशर
महफ़ूज़ रास्तों पर रेंगते जिंदगी बिताने में जो आसानी पड़ती है

---

1. आकाश तक पहुँचनेवाला